Peter Hahne · Das Buch zur Konfirmation

Canon
EOS
350D
DIGITAL

Peter Hahne

Das Buch zur KONFIRMATION

© lydia Margerdt/pixelio

mediaKern

Heute gibt es nur einen Mittelpunkt: Das bist Du, das Konfirmations-»Kind«. Mit der Konfirmation bist Du einen Riesenschritt weitergekommen beim Erwachsenwerden. Die ganze Familie will das mit Dir feiern, Verwandte und Nachbarn freuen sich mit.
Konfirmation ist ein besonderer Festtag für Dich, weil er Dich festmacht. Und das im wahrsten Wortsinn: festmachen bei Jesus, sein Leben befestigen, auf ein Fundament stellen, absichern, stark machen – das meint das lateinische Grundwort.
Für Dich beginnt ein neuer Lebensabschnitt. Und all die Verwandten und Freunde, Deine Eltern und Großeltern zeigen Dir heute besonders, dass Du nicht allein bist. Auf dem Weg in die Zukunft wollen sie Dich begleiten. Glückwünsche und Geschenke, Festessen und Feiern sind ein Zeichen der Verbundenheit und Liebe.
Und doch sind die großzügigsten Geschenke nur ein Hinweis auf das größte. Gottes Geschenk ist unbezahlbar und unbegreiflich: seine Liebe. Er hat dieser Welt, Dir und mir, seinen Sohn Jesus Christus geschenkt – Weihnach-

ten. Wir sind wiedergeboren zu einer lebendigen Hoffnung – Geburtstag. Deshalb ist dieser Tag mit Geschenken, guten Wünschen und einer großen Feier wie Geburtstag und Weihnachten an einem Tag. Alles für Dich!

Manches aus meinem Konfirmandenunterricht habe ich vergessen. Doch was am Leben erhält, das habe ich behalten: Auf Gott und sein Wort ist Verlass. Auf Jesus kann ich trauen und bauen. Deshalb bleibt mein Lebensmotto der Leitvers meiner Konfirmation: »Ich schäme mich des Evangeliums nicht; denn es ist eine Kraft Gottes, die selig macht alle, die daran glauben« (Römer 1,16). Ich wünsche Dir, dass etwas von der Freude bleibt, wenn dieser Festtag vom Alltag abgelöst wird.

Alle guten Segenswünsche
für Deinen weiteren Lebensweg!
Dein Peter Hahne

Jesus sagt:

»Ich bin gekommen, damit alle,
die mir vertrauen,
das volle Leben haben.
Ich bin der Weg, die Wahrheit und das Leben.«

Johannes 10,10b; 14,6

KONFIRMATION!

Ich gehe bewusst in eine Zukunft mit
Jesus Christus.
Nichts kann mich von seiner
Liebe trennen,
das glaube ich felsenfest.

PETER HAHNE

Befiehl du deine Wege
und was dein Herze kränkt,
der allertreusten Pflege
des, der den Himmel lenkt.
Der Wolken, Luft und Winden
gibt Wege, Lauf und Bahn,
der wird auch Wege finden,
da dein Fuß gehen kann.

Paul Gerhardt
(1607–1676)

KONFIRMATION!

Ich will in dieser schönen Welt
alles wahrnehmen,
aber nicht alles für wahr nehmen.
Das wirklich Wichtige geschieht
nicht schrill, sondern still.

Peter Hahne

Immer wieder empfehle ich auch anderen zu tun, was ich mir zu einem Prinzip gemacht habe: Wenn mir etwas zustößt, sinke ich in die Knie – natürlich nur in der Fantasie – und wünsche mir, dass mir in der Zukunft nichts Ärgeres passieren soll. [...]
Es geht aber nicht nur darum, was einem in der Zukunft erspart bleiben möge, wie im besagten Stoßgebet, sondern auch darum, was einem in der Vergangenheit erspart geblieben ist. Aber jeder sollte für solche Glücksfälle auch dankbar sein und sich immer wieder an sie erinnern [...].

Victor E. Frankl
(1905–1997)

KONFIRMATION!

Ich bin befestigt und beschenkt
für mein Leben.
Mit lebendiger Hoffnung kann ich
meine Zukunft gestalten.
Das größte Geschenk ist
Gottes Zusage:
Wer sich auf mich verlässt,
ist nie verlassen.

PETER HAHNE

Gottes Fest steht fest

Was meine Kindheit entscheidend geprägt hat, war mein Verhältnis zu Gott. Die heilige Taufe empfing ich zwei Monate nach meiner Geburt in der Auferstehungskirche Dresden-Plauen. Das ist das Grunddatum und die Grundlage meines Glaubens. Am Anfang steht Gottes Gnade. Er erklärt und adoptiert mich zu seinem Kind. Das ist unüberbietbar, unwiederholbar, unerklärbar. Das ist Gnade! Danach ist christliche Erziehung und Unterweisung im Glauben angesagt.

Schon als Kind lernte ich die Zehn Gebote, das Vaterunser, das Glaubensbekenntnis, den 23. Psalm. Diese Katechismusstücke wurden uns zum Lernen aufgegeben und vom Vater am Esstisch abgehört. Das alles vollzog sich nach guter lutherischer Tradition bei uns zu Hause, in der »Hauskirche« sozusagen.

Aber die Kirche als Haus Gottes, das war für mich die alte, ehrwürdige, vom Friedhof umgebene Dorf- und Wehrkirche von Leubnitz, für mich die schönste Kirche der Welt. [...]

Unser Pfarrer war ein alter, kleiner, kugelrunder Mann. Auf mich wirkte er da oben auf der Kanzel immer wie ein riesiger, schwarzer Vogel auf einem Baum. Mein ganzes kindliches Interesse galt seinem gewaltigen Doppelkinn, das beim Predigen das darunterhängende weiße Beffchen zum Wippen brachte. Von seinen Predigten weiß ich nichts mehr. Nur einen Satz habe ich nie vergessen. Ich sehe die Ehrfurcht gebietende Gestalt dieses Gottesmannes noch vor mir, ich kann es geradezu hören, wie er mit seiner wunderschönen Stimme und Sprache gütig, eindringlich und tröstend sagte: »Es sollen wohl Berge weichen und Hügel hinfallen, aber meine Gnade soll nicht von dir weichen, und der Bund meines Friedens soll nicht hinfallen, spricht der Herr, dein Erbarmer« (Jesaja 54,10).

Seltsam, warum sich neben Hunderten gehörten Bibelworten und Predigten dieses eine Wort so in der Seele eines Knirpses eingeprägt hat. Ich bin nun selber ein alter, wenn auch kein kugelrunder Pfarrer. Und wenn ich zurückblicke, kann ich nur mit Dankbarkeit sagen: Ich habe mein Leben lang unter und von Gottes Gnade gelebt. Als ich das Bibelwort zum ersten Mal aus dem Mund des alten Seelsorgers hörte, war das in den schweren Zeiten des Zweiten Weltkrieges. Es war die Zeit mit den entsetzlichen Bombennächten, als unsere Häuser wankten und einstürzten. Dann stürzte das Nazireich zusammen. Später kam die DDR. Die Berliner Mauer fiel. In allem blieb eins unverändert: die Zusage von Gottes Gnade. [...] Einmal saß ich mit meinem Vater in der Leubnitzer Kirche. Kurz vor Beginn des Gottesdienstes wurde ihm ein Zettel zugesteckt. Er las ihn und ab da empfand ich eine Spannung. Es lag etwas in der Luft, irgendetwas stimmte nicht. Erst hinterher wurde mir erklärt, dass eine Kanzelabkündigung stattfinden oder der Pfarrer etwas sagen würde, was zu seiner Verhaftung führen könnte. Mit dem Zettel wurde mein Vater gebeten, für diesen Fall den Gottesdienst zu beenden. Erst später, als ich selber mit einer Verhaftung nach dem Gottesdienst rechnete, habe ich mir vorstellen können, welche Spannung damals über dem Gottesdienst gelegen haben muss in der Leubnitzer Kirche.

Dort wurde ich 1948 konfirmiert. Der Konfirmator war mein Vater. Sein Predigttext: »Folge mir nach!« Mein Konfirmationsspruch ist der Spruch des Tages, an dem ich diese Zeilen schreibe: »Alles, was ihr tut mit Worten oder mit Werken, das tut alles im Namen des Herrn Jesus und dankt Gott, dem Vater, durch ihn« (Kolosser 3,17).
Ich habe mein Konfirmationsversprechen, das Ja zu Jesus, zur Taufe, die Treuezusage zu seiner Kirche, sehr ernst genommen. Die Konfirmation war sozusagen meine Bekehrung. Eine anständige Bekehrung im landläufigen Sinne, wo man Zeit und Stunde angeben kann, habe ich nicht vorzuweisen. Kein nächtliches Bekehrungserlebnis unter einer alten Eiche oder unter der donnernden Verkündigung eines feurigen Evangelisten.
Wenn andere erzählten, was sie vorher für üble Typen waren, bis Jesus kam und sie zu neuen Menschen machte, konnte ich nur stumm staunen. Ich war schon immer ganz brav. Ich bin eine christliche Normalgeburt mit Spätzündung. Im Pfarrhaus aufgewachsen (stocknüchternes, kräftiges Luthertum, bester Pastorenhumus), bin ich

Schritt für Schritt in alles reingewachsen und habe meistens erst hinterher gemerkt, dass ich wieder einen Schritt weiter bin.
Das ist überhaupt mein Problem: Ich merke meistens erst hinterher, wo es langgeht. Gott hat mich in eine bestimmte Richtung geschubst, und nachdem ich in die eine Weile gestolpert bin, habe ich gemerkt: Das ist es, das ist dein Weg. Die meisten meiner Predigten entstehen bis heute so. Wenn ich anfange, weiß ich nicht, wo es hingeht, und wenn ich fertig bin, staune ich, wo ich gelandet bin. [...]

Theo Lehmann
(* 1934)

KONFIRMATION!
Ich habe mich
Jesus Christus anvertraut.

Vertrauen heißt:

auch mit Fragen leben,

auf die es noch keine Antworten gibt.

Eins glaube ich fest:

Es wird das Ende gut.

PETER HAHNE

Ich wünsche Dir von ganzem Herzen viel Erfolg.
Du wirst auf viel Widerstand stoßen.
Aber große Werke gedeihen nicht ohne Widerstand.

Florence Nightingale
(1820–1910)
Aus einem Brief an J. Pattison Walker vom 3. Juni 1864

KONFIRMATION!

Mein Leben bekommt Maß und Mitte.
Glaube ist nichts
für die Randzonen des Sonntags,
sondern Motor, Impuls
und Herzstück des Alltags.

PETER HAHNE

Niemand ist weise von Mutterleibe an; Zeit und Erfahrung lehren hier und fegen die Tenne.
Ich habe die Welt länger gesehen als Du.
Es ist nicht alles Gold, lieber Sohn, was glänzet, und ich habe manchen Stern vom Himmel fallen und manchen Stab, auf den man sich verließ, brechen sehen.
Darum will ich Dir einigen Rat geben und Dir sagen, was ich funden habe und was die Zeit mich gelehret hat.

Es ist nichts groß, was nicht gut ist; und ist nichts wahr, was nicht bestehet.
Der Mensch ist hier nicht zu Hause, und er geht hier nicht von ungefähr in dem schlechten Rock umher. Denn siehe nur, alle andre Dinge hier mit und neben ihm sind und gehen dahin, ohne es zu wissen; der Mensch ist sich bewusst und wie eine hohe bleibende Wand, an der die Schatten vorübergehen. Alle Dinge mit und neben ihm gehen dahin, einer fremden Willkür und Macht unterworfen; er ist sich selbst anvertraut und trägt sein Leben in seiner Hand.

Und es ist nicht für ihn gleichgültig, ob er rechts oder links gehe.
Lass Dir nicht weismachen, dass er sich raten könne und selbst seinen Weg wisse.
Diese Welt ist für ihn zu wenig, und die unsichtbare siehet er nicht und kennet sie nicht.
Spare Dir denn vergebliche Mühe und tue Dir kein Leid und besinne Dich Dein.
Halte Dich zu gut, Böses zu tun.
Hänge Dein Herz an kein vergänglich Ding.
Die Wahrheit richtet sich nicht nach uns, lieber Sohn, sondern wir müssen uns nach ihr richten.
Was Du sehen kannst, das siehe, und brauche Deine Augen, und über das Unsichtbare und Ewige halte Dich an Gottes Wort.

Matthias Claudius
(1740–1815)
»An meinen Sohn Johannes« (Auszug)

KONFIRMATION!

Glaube ist das, was man wagt.
Nicht das, was man sagt.
Geh auf Menschen zu,
aber laufe ihnen nicht nach.

PETER HAHNE

VATERUNSER

Vater unser im Himmel.
Geheiligt werde dein Name.
Dein Reich komme.
Dein Wille geschehe, wie im Himmel, so auf Erden.
Unser tägliches Brot gib uns heute.
Und vergib uns unsere Schuld,
wie auch wir vergeben unsern Schuldigern.
Und führe uns nicht in Versuchung,
sondern erlöse uns von dem Bösen.
Denn dein ist das Reich und die Kraft
und die Herrlichkeit in Ewigkeit.
Amen.

KONFIRMATION!

Ich bin wertvoll,
weil Gott mich wertachtet.
Geschaffen als Original,
nicht als Kopie.
Das gibt meinem Leben
Sinn und Ziel.

Peter Hahne

Das Urbild einer Prophetengestalt mit schneeweißem Vollbart und markiger Stentorstimme war der alte Hermann Kraft, der ehrfürchtig geachtete Patriarch der Gemeinde. Er liebte apokalyptische Texte und beschwor das Wetterleuchten von Weltuntergang und Wiederkunft des Herrn. Uns Kindern war der immer neue Blick in das große Weltengrab, in dem alle Lästerer, Rebellen und unbußfertigen Sünder versinken würden, uns waren die dramatisch geschilderten Wehen der Endzeit von grauslichem Zauber. Die Erwachsenen strömten in hellen Scharen unter seine Kanzel, sodass man sich frühzeitig einen Platz sichern musste, und duckten sich unter seinem prophetischen Donnerwort. Diese Botschaft war alles andere als »zeitnah«. Ihm genügte es, vom »Tier aus dem Abgrund« zu sprechen, und er rechnete damit, dass die akuten Assoziationen sich von selbst bei seinen Hörern einstellen würden. Im himmlischen Jerusalem wusste er gewiss sehr viel besser Bescheid als in den Oberbarmer Straßen seiner Gemeinde.
Er hatte aber auch (tröstlicherweise!) sehr menschliche

Züge. Seine fleischlichen Gelüste konzentrierten sich auf alle Arten von Sahnetorte und auf starken bergischen Kaffee »mit wat dabei« (mit zugehörigen Leckereien). Wiederholt erzählte mir meine Mutter, welche Unmassen er bei meiner Taufe zu sich genommen habe. Das war auch der Grund dafür, dass er zu Geburtstagsfeiern gerne im Kreis alter Damen auftauchte, zu denen meine Großmutter gehörte. Schwierig war nur, dass ihm der Schöpfer jegliche Begabung für leichte Konversation versagt hatte. Da er aber nicht einfach vor sich hinschweigen oder gleich weggehen konnte, wenn er endlich satt war, verfiel er auf den Ausweg, die alten Damen ihre Tauf-, Konfirmations- und Trausprüche abzufragen, und nachdem dieser Stoff erschöpft war, noch auf die Losungen der Brüdergemeine zu sprechen zu kommen. Die Folge war, dass meine Großmutter jedem ihrer Geburtstage mit Herzklopfen entgegensah und schon lange vorher ihre Spruchsammlungen mit rotem Kopf zu memorieren begann.

Helmut Thielicke
(1908–1986)

KONFIRMATION!

Glaube ist kein Standpunkt,
sondern ein Tatort.
Er setzt in Bewegung.
Glaube ist stabil,
gibt Profil und macht mobil.
Nur wer Profil hat,
hinterlässt Spuren.

PETER HAHNE

Gott will, dass wir fröhlich sind, und hasst die Traurigkeit. Denn wenn er wollte, dass wir traurig wären, gäbe er nicht Sonne, Mond und die anderen nützlichen Dinge der Erde, die er alle zur Freude gibt. Er würde Finsternis schaffen und nicht mehr zulassen, dass die Sonne aufgeht oder der Sommer wiederkehrt.

Das Gegenwärtige wird gering geschätzt.
Wie ist Gott so ein reicher Gott! Der gibt genug. Aber wir achten es nicht. Adam schenkt er die ganze Welt; das reichte nicht: Um den einen Baum ging es ihm; da musste er fragen, warum ihm Gott den verboten hätte. So geht's auch heute. […]

Das gegenwärtige Leben ist eine Vorbereitung auf das zukünftige.
Dieses Leben ist eine Vorbereitung auf das zukünftige Leben. Wenn nun Gott schon dieses unheile Leben so mit unzähligen guten Dingen schmückt, was wird er erst mit dem zukünftigen Leben tun, wenn die Sünde aufhören und ewige Gerechtigkeit blühen wird?

Martin Luther
(1483–1546)

KONFIRMATION!

Christen werden ins Licht,

nicht hinters Licht geführt.

Nur wer ein Ziel hat,

findet seinen Weg.

PETER HAHNE

In Deinem Leben folge nicht böser Gesellschaft, sondern dem Willen und Befehl deines Gottes. In Sonderheit tue nichts Böses in der Hoffnung, es werde heimlich bleiben, denn es wird nichts so klein gesponnen, es kommt an die Sonnen. […] Tue Leuten Gutes, auch wenn sie Dir es nicht vergelten können, denn was Menschen nicht vergelten können, das hat der Schöpfer Himmels und der Erden längst vergolten, da er Dich erschaffen hat, da er Dir seinen lieben Sohn geschenkt hat und da er Dich in der heiligen Taufe zu seinem Kinde und Erben auf- und angenommen hat.

Paul Gerhardt

(1607–1676)

Aus dem »Testament« für seinen Sohn

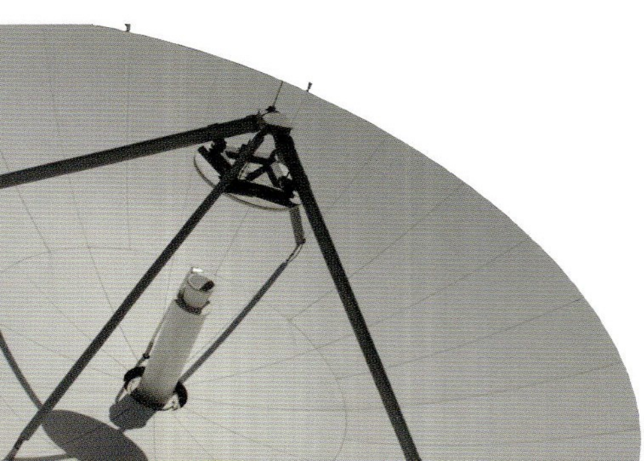

KONFIRMATION!

Mein Leben ist auf Sieg programmiert.
Gott liebt mich, wie ich bin.
Für ihn muss man nicht erst
Medaillen gewinnen.
Bei Jesus haben auch Versager
eine Chance.

PETER HAHNE

Ja, ich bin echt gespannt auf Gottes Pläne mit mir. Er hat das Sagen. Wo immer er mich hinhaben will, dahin werde ich gehen. Was immer er von mir getan haben will, das werde ich tun. Ich versuche, nicht zu sehr in die Zukunft zu schauen. Ich bin fest davon überzeugt, dass heute genug passiert, worum ich mich kümmern soll. Aber egal was ich tue – ich will es für ihn tun.«

Tobin Heath (US-Fußballnationalspielerin)
(* 1988)

KONFIRMATION!

Ich bin nie mehr allein.
Mit Gott bin ich immer
in der Mehrheit.
Ich bin von ihm beschützt,
beschirmt,
bewahrt.
Es gibt keinen Lebensbereich,
der von Gottes Gegenwart
ausgeschlossen ist.

PETER HAHNE

Das Apostolische Glaubensbekenntnis

Ich glaube an Gott,
den Vater, den Allmächtigen,
den Schöpfer des Himmel und der Erde,

und an Jesus Christus,
seinen eingeborenen Sohn, unsern Herrn,
empfangen durch den Heiligen Geist,
geboren von der Jungfrau Maria,
gelitten unter Pontius Pilatus,
gekreuzigt, gestorben und begraben,
hinabgestiegen in das Reich des Todes,
am dritten Tage auferstanden von den Toten,
aufgefahren in den Himmel;
er sitzt zur Rechten Gottes,
des allmächtigen Vaters;
von dort wird er kommen,
zu richten die Lebenden und die Toten.

Ich glaube an den Heiligen Geist,
die heilige christliche Kirche,
Gemeinschaft der Heiligen,
Vergebung der Sünden,
Auferstehung der Toten
und das ewige Leben.

Amen.

KONFIRMATION!

Glauben heißt:
wissen, was trägt.
Der Einblick in Gottes Wort
gibt Durchblick fürs Leben
und Ausblick auf eine gewisse Zukunft.
Christen kommen immer
in vorbereitete Verhältnisse.

PETER HAHNE

Denke an deinen Schöpfer in den Tagen deiner Jugend.

Prediger Salomo 12,1b

Du bist meine Hoffnung, Herr, mein Gott, mein Vertrauen seit meiner Jugend.

Psalm 71,5

Quellen- und Rechtenachweis

Die Texte wurden wo nötig in neue Rechtschreibung übertragen.

S. 8: Freie Übertragung, © 2012 mediaKern GmbH, Wesel.

S. 12: Paul Gerhardt, »Befiehl du deine Wege«, Strophe 1, in: Evangelisches Gesangbuch. Ausgabe für die Evangelische Landeskirche in Baden, pour l'Eglise de la Confession d'Augsbourg d'Alsace et de Lorraine, pour l'Eglise Reformée d'Alsace et de Lorraine, Karlsruhe/Straßburg 1995, unveränderter Nachdruck Stuttgart 2010, Nr. 361.

S. 16: Viktor E. Frankl, Was nicht in meinen Büchern steht. Lebenserinnerungen, © 4. Auflage 2011 Beltz Verlag, Weinheim/Basel, S. 15 f. Mit freundlicher Genehmigung.

S. 20–25: Theo Lehmann, Freiheit wird dann sein. Aus meinem Leben [Taschenbuch-Ausgabe], © 2010 Neukirchener Verlag, Neukirchener Verlagsgesellschaft mbH, Neukirchen-Vluyn, S. 51–55, hier S. 51 f., 54 f. Mit freundlicher Genehmigung.

S. 28: Ever Yours, Florence Nightingale. Selected Letters, herausgegeben von Martha Vicinus und Bea Nergaard, Cambridge, Massachusetts 1990, Nr. 91, S. 251–253, hier S. 252 (deutsche Übersetzung, © 2012 mediaKern GmbH, Wesel).

S. 32–33: Matthias Claudius, Sämtliche Werke. Nach dem Text der Erstausgaben (Asmus 1775–1812) und den Originaldrucken [...], Textredaktion: Jost Perfahl, mit einem Nachwort und einer Zeittafel von Wolfgang Pfeiffer-Belli sowie Anmerkungen und Bibliographie von Hansjörg Platschek, München 1976, S. 545–548, hier S. 545.

S. 36: Evangelisches Gesangbuch (wie S. 12), Nr. 806.

S. 40–41: Helmut Thielicke, Zu Gast auf einem schönen Stern. Erinnerungen, © 1984 by Hoffmann und Campe Verlag, Hamburg, 7. Auflage 1986, S. 48 f. Mit freundlicher Genehmigung.

S. 44–45: D. Martin Luthers Werke. Kritische Gesamtausgabe (Weimarer Ausgabe). Tischreden, Bd. 1, Weimar/Graz 1967 (unveränderter photomechanischer Nachdruck der Ausgabe Weimar 1912), Nr. 124, S. 52; Bd. 5, 1967 (1919), Nr. 5224, S. 16; Bd. 4, 1967 (1916), Nr. 5085, S. 649 f. (für die Wiedergabe im vorliegenden Band wurden der erste und der dritte Text aus dem Lateinischen ins Deutsche übersetzt und der zweite Text wo nötig sprachlich behutsam modernisiert, © 2012 mediaKern GmbH, Wesel).

S. 48: Christian Bunners, Paul Gerhardt. Weg – Werk – Wirkung, vom Autor überarbeitete und ergänzte Neuausgabe der 1993 und 1994 im Buchverlag Union, Berlin/München, erschienenen Erstausgaben, Göttingen 2006, 4. Auflage 2007, S. 301 f.: »Sogenanntes ›Testament‹ Paul Gerhardts für seinen Sohn (Frühjahr 1676)«, hier S. 302 (für die Wiedergabe im vorliegenden Band wo nötig sprachlich behutsam modernisiert, © 2012 mediaKern GmbH, Wesel).

S. 52 : © Tobin Heath, zitiert in: Dave Pond, »Profile: Tobin Heath«, http://www.fca.org (ins Deutsche übersetzt).

S. 56–57: Evangelisches Gesangbuch (wie S. 12), Nr. 881.

S. 60: Freie Übertragung, © 2012 mediaKern GmbH, Wesel.

Bildnachweis

Alle Bilder, soweit nicht anders angegeben: © Fotolia
Umschlag: Getty Images / Ron Chapple Stock
Hintergrund S. 10, 14, 18, 30, 34, 38, 42, 50, 54, 58: Irochka
S. 7: mr.nico; S. 8: ProMotion; S. 9: Alexander Rochau; S. 11: dynamixx; S. 12: photolars; S. 13: Tan Kian Khoon; S. 15: Adam Radosavljevic; S. 16: Irina Fischer; S. 17: Pavel Losevsky; S. 19: Rangzen; S. 20: dule964; S. 21: S Hagebusch; S. 22: LianeM; S. 25: Ross C; S. 26/27: Freesurf; S. 28: Juulijs; S. 29: Tony Baggett; S. 32: thongsee; S. 35: Gina Sanders; S. 36: robynmac; S. 37: Pavel Klimenko; S. 39: tbel; S. 40: Marina Lohrbach; S. 43: Sergej Khackimullin; S. 44: Wolfgang Kraus; S. 45: Valcho; S. 46/47: Eric Gevaert; S. 48: Mibobre; S. 49: Horváth Botond; S. 51: Franz Metelec; S. 52: czibo; S. 53: bilderstoeckchen; S. 55: Sven_Vietense; S. 56: Massimo Cavallo; S. 57: JohanSwanepoel; S. 60: babimu; S. 61: Stefan Körber

Bibliografische Information der Deutschen Nationalbibliothek
Die Deutsche Nationalbibliothek verzeichnet diese Publikation in der Deutschen Nationalbibliografie; detaillierte bibliografische Daten sind im Internet über http://www.dnb.de abrufbar.

ISBN 978-3-8429-3514-3

Bestell-Nr. 5.123.514
2. Auflage 2016

Gesamtgestaltung: Ch. Karádi
Textzusammenstellung und Lektorat: Dr. Ulrich Parlow
Gesamtherstellung: Drukarnia Dimograf, Bielsko-Biała, Polen
Printed in the EU 2016

www.media-kern.de

Weitere Bestseller von Peter Hahne

Geschenkbände, jeweils 64 Seiten, zahlreiche Farbbilder, gebunden, 16,4 x 24 cm

Nr. 5.123.505
€ 9,95

Nr. 5.123.527
€ 12,95

Nr. 5.123.539
€ 12,95

Nr. 5.121.005
160 Seiten, gebunden
11,4 x 18,5 cm
€ 9,95